BEI GRIN MACHT SICH IHR WISSEN BEZAHLT

AF149230

- Wir veröffentlichen Ihre Hausarbeit,
  Bachelor- und Masterarbeit

- Ihr eigenes eBook und Buch -
  weltweit in allen wichtigen Shops

- Verdienen Sie an jedem Verkauf

Jetzt bei www.GRIN.com hochladen
und kostenlos publizieren

Franziska Beyer

Der Schlüssel zur Zeit - Simone de Beauvoirs "Die Mandarins von Paris"

GRIN Verlag

Bibliografische Information der Deutschen Nationalbibliothek:

Die Deutsche Bibliothek verzeichnet diese Publikation in der Deutschen National-
bibliografie; detaillierte bibliografische Daten sind im Internet über http://dnb.d-
nb.de/ abrufbar.

Impressum:

Copyright © 2009 GRIN Verlag GmbH
Druck und Bindung: Books on Demand GmbH, Norderstedt Germany
ISBN: 978-3-640-72054-5

Dieses Buch bei GRIN:

http://www.grin.com/de/e-book/157920/der-schluessel-zur-zeit-simone-de-beauvoirs-
die-mandarins-von-paris

GRIN - Your knowledge has value

Der GRIN Verlag publiziert seit 1998 wissenschaftliche Arbeiten von Studenten, Hochschullehrern und anderen Akademikern als eBook und gedrucktes Buch. Die Verlagswebsite www.grin.com ist die ideale Plattform zur Veröffentlichung von Hausarbeiten, Abschlussarbeiten, wissenschaftlichen Aufsätzen, Dissertationen und Fachbüchern.

Besuchen Sie uns im Internet:

http://www.grin.com/

http://www.facebook.com/grincom

http://www.twitter.com/grin_com

Staatliche Hochschule für Gestaltung Karlsruhe
Fachbereich Philosophie und Ästhetik

Seminar „Das schwache, das andere, das befreite Geschlecht – Existenzialismus und
Emanzipation – Simone de Beauvoir"
Sommersemester 2008

„DER SCHLÜSSEL ZUR ZEIT –
SIMONE DE BEAUVOIRS DIE MANDARINS VON PARIS"

Vorgelegt von: Franziska Beyer

Fachsemester: 13.
Abgabe am: 01.04.2009
Hausarbeit in Ergänzung zum Referat am 15. Juli 2008

INHALTSVERZEICHNIS

0.   Einleitung   2

1.   Inhalt   3

2.   Analyse   5

2.1 Philosophische Aspekte   6

2.1.1 Das Dilemma der Politik   8

2.1.2 Die Freiheit der Entscheidung   10

2.1.3 Modelle von Weiblichkeit   11

2.2 Literarische Aspekte   14

3.   Resümee   15

4.   Literaturverzeichnis   16

0.   Einleitung

Vom Juni 1940 bis August 1944 lebten die Pariser Bürger unter der Besatzung Nazi-
Deutschlands. Eine lange ‚Fastenzeit'[1] für *Simone de Beauvoir, Jean-Paul Sartre* und
ihren Freundeskreis von Künstlern, Autoren und Kämpfern der *Resistance*. Die während
der Gefechte erlebte Eintracht und Solidarität der Kämpfer verschiedenster politischer
Auffassungen muss *Sartre* und *Beauvoir* wie ein Versprechen eines neuen (politischen)
Aufbruchs erschienen sein. Doch wie viele Andere erlebten auch sie bald nach der
Befreiung Paris', dass die neue Freiheit durchaus mit Widersprüchen und individuellen
Zwängen durchsetzt war.

Die zuvor erlebte Einigkeit schlug bereits nach wenigen Tagen um in politische
Zersplitterung; und Frankreich fand sich bald in der Zwickmühle, sich im Rahmen des
Wiederaufbaus einer der zwei Supermächte – den kapitalistischen USA oder der
kommunistischen UdSSR – anzuschließen. Die Amerikanische Unterstützung mochte
Frankreich näher an die Vereinigten Staaten gerückt haben, doch für viele Intellektuelle
blieb die Sowjetunion Sinnbild einer wahrhaft befreiten Zukunft.

Simone de Beauvoirs 1954 bei *Gallimard* erschienener Roman *Les Mandarins* (*Die
Mandarins von Paris*) zeichnet die chaotischen Jahre direkt nach der Befreiung (1944-48)
nach und wurde noch im Jahr seiner Veröffentlichung mit dem begehrten *Prix Goncourt*
ausgezeichnet. Mit fast 800 Seiten ist *Les Mandarins* vielleicht der längste und
komplexeste Roman von *Beauvoir*, die das elf Jahre nach ihrem Erstlingswerk *Le invité*
(*Sie kam und Sie blieb*)[2] und fünf Jahre nach *Le Deuxième Sexe* (*Das Andere
Geschlecht)*[3] erschienene Buch als ihren persönlichen Favoriten beschrieb.[4] Das aktuelle
Taschenbuch in deutscher Sprache erschien bei *Rowohlt* und ist bereits zum 37. Mal
aufgelegt.

Simone de Beauvoir schrieb gut vier Jahre an den *Mandarins*. Da die Nachkriegsjahre für
sie geprägt von theoretisch-moralischen Werken waren, überrascht es nicht, in den
handelnden Figuren einige Ideen aus Essays wie *Pour une morale de l`ambiguité (Für
eine Moral der Doppelsinnigkeit)* oder dem *Anderen Geschlecht* anzutreffen.[5] Nachdem
Beauvoir bereits 1951 die erste Fassung abgeschlossen hatte, überarbeitete sie das Buch
gemäß *Sartres* Korrektur und nach einigen privaten und politischen Veränderungen
weitere zwei Jahre. Auf *Sartres* Anraten entschied sie sich auch gegen die Titel *Die
Überlebenden* und *Die Verdächtigen*; Stattdessen verweisen die *Mandarins von Paris* mit
einem Anflug von Ironie auf ihre Zweifel am tatsächlichen Einfluss der Intellektuellen am

---

[1] Beauvoir 1954, S.7
[2] Beauvoir, Simone de 1943: „Sie kam und blieb". Rowohlt Taschenbuch Verlag, Reinbek. 2004.
[3] Beauvoir, Simone de 1949: „Das andere Geschlecht. Sitte und Sexus der Frau". 2008, Rowohlt Taschenbuch
Verlag, Hamburg, 9. Auflage.
[4] Vgl. Fallaize 1988, S.88
[5] *Beauvoir* selbst bezeichnete sie als ihre „*moralische Phase*". Vgl. Lexikon der Philosophinnen, Band 2, S.56

Zeitgeschehen – Der Begriff ‚Mandarin' stammt aus dem Chinesischen und bedeutet soviel wie ‚Minister' oder ‚Staatsdiener'.

1. Inhalt

Tatsächlich kämpfen *Beauvoirs* Akteure auf allen Ebenen ihres Lebens mit einer Art Ladehemmung, welche sich aus dem Zwiespalt zwischen individueller Freiheit und Pflichttreue ergibt. Es ist quasi unmöglich, im Schlüsselroman, der *Le Mandarins* nun mal ist, nicht auch *Sartre, Beauvoir* oder *Camus* zu erkennen[6], jedoch wäre es ein Fehler, das Buch auf eine eins-zu-eins Schilderung wahrer Begebenheiten zu reduzieren. Seinen Erfolg und seine anhaltende Beliebtheit hat der Roman in vielerlei Hinsicht eben jener persönlich-authentischen Note und seiner Komplexität zu verdanken.

Die Mandarins von Paris beginnt mit einem Fest am Weihnachtsabend 1944, kurz nach der Befreiung Paris'. *Beauvoir* versammelt hier alle wesentlichen Charaktere samt deren politischen Ambitionen (und den sich daraus ergebenden Spannungen): *Henri Perron* ist ein Schriftsteller in den Dreißigern, der mit seinem ersten Roman einen Bestseller geschrieben hat, die linke (aber nicht-kommunistische) Tageszeitung *L'Espoir* herausgibt, während dem Krieg im Widerstand aktiv war und sich nun nichts sehnlicher wünscht, als sich vorerst von der Politik zu verabschieden. *Henris* Mentor *Robert Dubreuilh* ist etwa sechzig Jahre alt und einer der bedeutendsten Denker und Autoren seiner Zeit. *Dubreuilh* schmiedet Pläne, die Arbeiter und die nichtkommunistische Linke in seiner Partei, dem *SRL*, zu vereinen.[7] Seine Frau *Anne* (die neben *Henri* als Erzähler auftritt) ist zwanzig Jahre jünger und erfolgreiche Psychotherapeutin – Dementsprechend erfährt der Leser durch ihre Augen einen oft intimeren, privaten Einblick in die Beziehungen im Roman. Im Laufe der Handlung durchlebt *Anne* persönliche Herausforderungen und Widersprüche, welche die politischen im Leben *Henris* spiegeln. *Anne* und *Robert* haben auch eine jugendliche Tochter, *Nadine*. Und schließlich *Paule Mureuilh*, *Annes* Freundin und seit zehn Jahren *Henris* Geliebte. Einst war sie eine bekannte Sängerin, jedoch gab sie ihre Karriere auf, um sich ganz auf ihre Liebe zu und Sorge um *Henri* zu widmen.

Was sich das Gros der Akteure als Beginn einer neuen Phase der Ruhe und des Friedens nach den Wirren des Kriegs erhofft hat, entpuppt sich stattdessen als Ära voller persönlicher und politischer Spannungen. So entwickelt sich *Henris* Reise nach Portugal wenig erholsam, als er auf die herrschenden sozialen Ungerechtigkeiten aufmerksam gemacht und um Hilfe

---

[6] Auch diverse Gegebenheiten kann man auf *Beauvoirs* Leben beziehen – So reiste sie, wie auch *Henri* im Buch, 1945 nach Spanien und Portugal; Auch hat sie ihr Manuskript immer wieder zugunsten privater oder historischer Begebenheiten abgeändert, wie z.B. der Auflösung des *RDR* um 1948/49, dem Abwurf der ersten Atombombe, der Entdeckung der Sowjet-Lager oder ihrer eigene Affäre mit *Nelson Algren* und deren Ende.
[7] Eine Partei, die dem von Sartre 1948 mitgegründeten *RDR* entlehnt sein dürfte.

gebeten wird. Zum ersten und nicht letzten Mal im Laufe der Handlung sinniert er über Zweck und Selbstzweck von Literatur und Journalismus. Durch seine Entscheidung, seine Zeitung *Robert*s Partei anzuschließen oder nicht, lässt ihn *Beauvoir* die Macht der Medien und des geschriebenen Wortes ausloten. Trotz aller Unbehaglichkeit legt *Henri* schließlich seine Pläne für einen *„heiteren Roman"*[8] auf Eis.

Ab dem vierten Kapitel erhält der Leser durch die Augen *Anne*s einen wesentlich privateren Einblick in die Handlung. *Anne*s Sicht ist geprägt von Tod, der sie in den Geschichten ihrer Patienten, dem Tod des Liebhabers ihrer Tochter während des Kriegs und im sichtlichen Altern ihres Ehemanns verfolgt. Ihre Entscheidung, die Einladung zu einer Lesereise in die USA anzunehmen ist daher wirklich eine ,Entscheidung, wieder zu leben'.[9] *Paule*s sturer Versuch, *Henri* (welcher schon lange keine Liebe mehr für sie empfindet) als ihr ,Lebenswerk'[10] zu sehen, führt sie unterdessen immer tiefer in eine manische Obsession.

Der L'Espoir erlebt eine Reihe von Neuerungen, vor allem da *Henri* und seine Mitstreiter in einer finanziellen Krise gezwungen sind, alternative Gelder aufzutun. Durch einen reichen Finanzier kann *Henri* die Zeitung halten, nicht aber deren politischen Kurs, welcher zunehmend auf die Kommunistische Partei zudriftet.

Die tatsächliche Trennung von *Paule* vollzieht *Henri* letztendlich erst wegen Affäre mit der jungen Schauspielerin *Josette Belhomme*; *Paule* jedoch verschließt weiterhin die Augen vor der Realität des Abschieds.

Im fünften Kapitel macht *Henri* gleich zwei wesentliche und schmerzhafte Entdeckungen: zum einen erfährt er von der Existenz der russischen Straflager, zum anderen von *Josette*s Liebschaft mit einem Nazi-Offizier in der Vergangenheit. Das tatsächliche Bestehen der Lager bedeutet für ihn die Enttäuschung aller auf die Sowjetunion gesetzten Hoffnungen auf ein besseres Leben, und die Veröffentlichung dieser Neuigkeit zwangsläufig einen herben Rückschlag für die Linke und die Kommunistische Partei, die sich der russischen Linie angeschlossen hatten. Über dem Für-und-Wider der Publikation kommt es zum Bruch zwischen *Henri* und *Robert*.

Die zweite Großmacht Amerika wird währenddessen gänzlich durch den privaten Filter *Anne*s gezeigt: Während ihrer Lesereise beginnt sie eine leidenschaftliche Liebesaffäre mit *Lewis Brogan* (eine nur vage verschleierte Version von *Beauvoir*s Affäre mit *Nelson Algren*, dem sie die *Mandarins* gewidmet hat). In seinen Armen fühlt *Anne* ihren Körper ,zurück ins Leben kommen', und durch seine Augen sieht sie das Land: *„The same United States that produces Lewis also threatens the world with its bombs and its aggressive form of capitalism".*[11]

---

[8] Beauvoir 1954, S.67
[9] *"Überleben bedeutet letztlich, dass man unaufhörlich mit dem Leben wieder beginnt"* - Ebd., S.299
[10] Ebd., S. 242f., S.366: *„Dein Leben ist mein Leben, denn ich habe ihm meines geopfert. Darauf habe ich ein Recht".*
[11] Scholz/Mussett 2005, S.11 - Beauvoir 1954, S.709: *„Ich hatte diese Stadt, dieses Land geliebt: aber in zwei Jahren hatten sich die Dinge gewandelt, und Lewis' Liebe beschützte mich nicht mehr. Nun bedeutete Amerika die Atombombe, den drohenden Krieg, den aufkommenden Faschismus (..)"*

Nach dem Abdruck seines Lager-Artikels findet sich *Henri* in politischer Isolation wieder. *Paule*, die nun endlich das Ende ihrer Beziehung einsieht, erleidet einen Nervenzusammen-bruch und wird von *Anne* in eine Klinik gebracht. Die Konfrontation mit einem Erpresser, welcher versucht, aus *Josettes* Liaison mit dem deutschen Offizier Kapital zu schlagen, bringt *Henri* in die bisher ärgste Zwickmühle, als seine moralischen und politischen Ansichten der Loyalität zu *Josette* direkt gegenüber stehen. An diesem Punkt ist keine eindeutige, allgemein-verbindliche Moral mehr möglich – *Henri* ist ein Mandarin geworden. Wenn er auch durch eine Falschaussage vor Gericht ihr Leben rettet, beendet er danach doch ihre Beziehung. Auch kündigt er seinen Posten beim *L'Espoir*. Einzig *Robert* findet tröstende Worte: *„(..) dass es keine private Moral gibt. (...) Man kann kein korrektes Leben in einer Gesellschaft führen, die nicht korrekt ist"*[12].

Bei ihrer letzten Reise nach den USA stellt *Anne* fest, dass *Lewis* sie nicht mehr liebt und kehrt daher todunglücklich nach Frankreich zurück. Kurz vor dem Suizid aber kommt die Einsicht: *„Mein Tod gehört nicht mir"*[13]. Angesichts ihrer Enkelin *Maria*, der Tochter *Nadines* und *Henris*, die in der Zwischenzeit geheiratet haben und ihren Umzug nach Italien planen, wo *Henri* der Politik den Rücken kehren möchte, findet sich *Anne* zu involviert, als dass sie sich einfach aus dem Leben nehmen könnte.[14]

Die ‚leichte' Novelle, welche zu schreiben *Henri* zu Ende der *Mandarins* plant, offenbart seine Einstellung zur Rolle der Literatur und Politik. Als er hilft, den Leichnam des ermordeten Verräters *Sézenac* verschwinden zu lassen, versuchte er zugleich, wieder etwas Gerechtigkeit in die Welt zu schaffen; Sein Roman als *„Portrait der Zeiten"*[15] und Darstellung einer *„Geschichte von heute, in der die Leser ihre Sorgen und Probleme wieder finden würden"*[16] deckt sich quasi mit der Herangehensweise *Beauvoirs* an den Schlüsselroman *Les Mandarin* – Das Schicksal und Streben des Einzelnen, die Rolle der Literatur und die Politik sind untrennbar mit ihrer Zeit und deren Ereignissen verbunden.[17]

2. Analyse

In ihrer Autobiographie schreibt *Beauvoir*, sie habe *Henri Perron* sowohl nach dem Vorbild *Albert Camus'* (dessen Mitarbeit in der *Resistance* und am Magazin *Combat*, dem Pendant zum *L'Espoir*, gleichermaßen überliefert ist), als auch ihrem eigenen Charakter nachempfunden. *Robert Dubreuilh*, unschwer zu erahnen, gleicht im Wesen *Jean-Paul*

---

[12] Beauvoir 1954, S.674
[13] Scholz/Mussett 2005, S.795
[14] Ebd., S.14: *„With the Realationship to Lewis completely over, she wonders what there is to live for. (...) But, with Maria representing the future, Anne realizes that she does not own her death, others do."*
[15] Ebd., S.14
[16] Beauvoir 1954, S.354
[17] Wie *Henri* im Roman schreibt: *„Es galt, nicht zu demonstrieren oder zu ermahnen, sondern ein Zeugnis abzulegen."* Beauvoir 1954, S.354

Sartre; Seine Frau *Anne* gleicht ebenfalls *Simone de Beauvoir*.[18] Während *Anne Beauvoirs* private Seite repräsentiert, spiegeln sich in *Henris* Verhalten Fragen zur Politik, der Rolle der Literatur, sowie ganz allgemein der Rolle des Intellektuellen nach dem Zweiten Weltkrieg. Diese Zweiteilung der Charakterzüge hat *Elisabeth Fallaize* zu Recht als männlich/positiv-weiblich/negativ-Struktur skizziert: *„Henri has her optimism, her appetites, her taste for activity – and, of course, the pen. Anne has fear and shame, and the ‚negative aspects of my experience‘".*[19]

Auch wenn die Gender-Problematik immer wieder auftaucht – Zentrales Thema der *Mandarins* ist n i c h t ausschließlich der Versuch der weiblichem Hauptfigur, Teil der männlichen Subjektwelt zu werden. Eingebettet in die spezifisch-individuellen Situationen streift *Beauvoir* die ‚klassischen‘ Themen des Existenzialismus, Angst, Tod, Freiheit, Verantwortung, Moral, usw. *Sartre* beschrieb die freie existentialistische Wahl als Wirklichkeit in der Tat. Aus der menschlichen Erfahrung von Angst, Tod, usw. erfahre der Mensch seine ‚Geworfenheit‘; Aus dieser erst könne er ein Selbstbild entwickeln, aus dem heraus seine Freiheit bzw. Selbstbestimmung resultiere.

Diese Selbst-Bestimmung beschreibt *Beauvoir* als eine Art persönlichen ‚Vorzug‘: Sowohl die politische, als auch die sexuelle Wahl ist eine Frage individueller Entscheidung: *„Bindung ist nichts anderes als Wahl, Liebe bedeutet nichts anderes als Vorzug"*, sagt *Robert Dubreuilh*.[20] Während auf politischer Ebene moralische Zweifel an einer Liaison mit der Kommunistischen Partei zugunsten eines politischen Statements ignoriert werden, erteilen erst *Anne* und später auch *Henri* ihren romantischen Beziehungen eine Absage, um sich stattdessen einem ‚bevorzugten‘ Partner zuzuwenden[21]. (Wie es ja auch *Beauvoir* selbst tat, als sie sich von Nelson Algren ab- und *Sartre* abermals zuwandte.)

Im Wesen wiederholt *Beauvoir* hier ihre Strategie aus *Alle Menschen sind sterblich,* wo sie Beziehungen im Laufe des Romans Problemen ausgesetzt, in Frage gestellt, gegen Ende aber als gefestigt darstellte; Ganz ähnlich *Kierkegaards* Motiv der Wiederholung: *„truly to possess something one must have lost it and found it again".*[22]

2.1 Philosophische Aspekte

Der Aufstand gegen bürgerliche Werte, wie er z.B. in *Sie kam und Sie blieb* und *Das andere Geschlecht* im Vordergrund stand, spielt im Dunstkreis der *Mandarins* eher unterschwellig eine Rolle. Vordergründig dreht sich deren Leben um die existenzialistischen Werte des Strebens nach Wahrhaftigkeit, Nachhaltigkeit und Freiheit.

---

[18] Beauvoir, Simone de 1963 "Force of circumstance I. After The War 1944-1952", Verlag Paragon House, New York 1992, S.280.
[19] *Beauvoir* in *Force of circumstance I*, S.280.   Zitiert nach Fallaize 1990, S.115.
[20] Beauvoir 1954, S.745
[21] Fallaize 1982, S.89
[22] Ebd., S.89

Hier enthüllt *Beauvoir,* verpackt in konkrete Schicksale, Widersprüchlichkeiten und Unvereinbarkeiten. In jeder der Konfliktsituationen lässt die Autorin ihre Protagonisten zwischen Alternativen ‚wählen', teils bewusst, teilweise ausgesprochen vorsätzlich. So ist beispielsweise die Freundschaft *Roberts* und *Henris* über den gesamten Handlungsverlauf geprägt durch ihre Einstellung gegenüber politischen und literarischen Reizpunkten. Immer wieder holt *Henri Roberts* Meinung ein, bevor er eine Entscheidung fällt; Zum Bruch führt letztendlich ihr Verhältnis zum Kommunismus. Während es *Henri* um persönliche und politische Unabhängigkeit und die Pflicht des Journalisten zur Wahrheit geht, als er seinen Bericht über stalinistische Arbeitslager veröffentlichen will, besteht *Robert* darauf, Tatsachen zu verschweigen, um die Linke nicht weiter aufzuspalten, den von Amerika ausgehenden Antikommunismus nicht zu fördern und der Rechten keine Vorlage zu liefern. Im Gegensatz zu *Sartre* und *Camus,* deren Kameradschaft 1952 zerbrach[23], löst *Beauvoir* den Konflikt in einen Kompromiss auf.

Die ‚Wahl' oder den Vorzug einer Alternative vor der Anderen entwickelt *Beauvoir* zu einem regelrechten System der Präferenzen weiter: Alle Charaktere sind, ob im politischen oder romantischen Sinne, im Laufe der Handlung einem Wandel unterworfen, in welchen sie sich verlieren bzw. in Frage stellen und zum Ende wieder finden. *Henri* verliert seine Geliebte *Paule,* sinnt über Beziehungen nach, handelt in Bezug auf die schöne Schauspielerin *Josette* völlig entgegen seiner Überzeugungen und endet schließlich wieder bei *Nadine,* die er nun trotz ihrer Schwächen den anderen vorzieht. Als *Robert* und *Henri* am Ende des Buchs ihre Freundschaft wieder finden, knüpfen sie nicht einfach an den letzten Tag an, sondern schließen einen realistischen Kompromiss unter Inbetrachtnahme der Schwächen des jeweils anderen. Hier stößt der Leser erneut auf *Kierkegaards* Motiv der Wiederholung.

Beauvoirs philosophische Ansätze stehen in enger Verbindung zu den Ideen des durch *Sartre* geprägten Existenzialismus. Im Mittelpunkt ihres Interesses steht das ‚Handeln', welches *Beauvoir* als einzige Möglichkeit definiert, das ‚Ich' zu verwirklichen: *„Da der Mensch nicht ist, sondern existiert, muss er sich in jedem Augenblick als Existenz verwirklichen und seinen Selbstentwurf permanent erneuern und überarbeiten und dadurch selbst überschreiten."[24]* Das Subjekt befindet sich daher immer in Bewegung. Sein bedeutet für *Beauvoir* zuallererst Handlung, deren Ziel die Freiheit ist. Die Freiheit ist für sie kein absoluter, sondern erkämpfenswerter Wert, dem jeder Mensch einen konkreten Inhalt geben muss. Auch entsteht Freiheit in Kommunikation mit dem bzw. den Anderen. Die Freiheit der Anderen wiederum sieht sie als Voraussetzung für die eigene Freiheit. Ziel sollte daher die radikale Ablehnung jedweder Unterdrückung sein.[25]

---

[23] Nievers, Knut 1996: „Die Mandarins von Paris". In: Kindlers Neues Literatur Lexikon. Studienausgabe, Band 2. Ba-Bo, München.
[24] Philosophinnenlexikon Band 2, S.57
[25] Vgl. auch *Beauvoirs* Essay *Für eine Moral der Doppelsinnigkeit* aus dem Jahr 1948

Die zwei zentralen Fragen aus *Beauvoir*s theoretischem Hauptwerk *Das andere Geschlecht* – nämlich: „Was ist eine Frau?" und „Warum ist sie die Andere?" – finden sich auch in den *Mandarins* wieder. „*Den existenzialistischen Anspruch einer absoluten Freiheit der Existenz können die Frauen nicht einlösen, da sie sich immer in einer unterdrückten Situation befinden*"[26], schrieb *Beauvoir* im *Anderen Geschlecht*. Bereits vorgegebenen historisch gewachsenen kulturellen Konditionen fügt sie die Pole der Transparenz und der Immanenz hinzu. Während die Transparenz dabei für geistige Tätigkeit und Intelligenz steht, bedeutet Immanenz Körperlichkeit. Der Mann steht historisch bedingt für die Transparenz, während die Frau eben durch jene Konditionen in die Immanenz gedrängt wird. Durch diese Rolle wird sie jedoch von der Aktivität, die Freiheit bedeutet, ausgeschlossen und stattdessen in „*Passivität, Wiederholung und Unproduktivität*"[27] gefangen. *Beauvoir* macht gerade den Frauen den Vorwurf, sich dem patriarchalischen Dogma unterzuordnen und plädiert für eine Gleichheit der Geschlechter.

In den *Mandarins von Paris* spiegelt sich jene Problematik wohl am Deutlichsten in der Rolle der *Paule* und ihrer Wechselbeziehung zu *Anne* sowie natürlich in ihrer Definition d u r c h *Henri*.

2.1.1 Das Dilemma der Politik

Simone de Beauvoir legt in den *Mandarins* keineswegs eine Faustformel für die Lösung derer Probleme vor; Vielmehr entwickelt sie an verschiedenen Charakteren konkrete Ansätze. Am ‚Dilemma der Intellektuellen'[28] zeigt *Beauvoir*, dass politische Aktivität immer auch an das Individuum, dessen Vergangenheit und Gegenwart, gebunden ist. Wie die Rolle der *Anne* zeigt, spielt Leidenschaft darüber hinaus eine entscheidende Rolle für Verantwortung und Engagement.

Wie aber hebt sich der Schriftstellers a l s I n t e l l e k t u e l l e r in der Politik ab? Die ersten politischen Entscheidungen nach Kriegsende führen einige der Charaktere in eine moralische Sackgasse: Als *Henri* seine ursprünglichen Pläne, sich von der Politik zurückzuziehen und einen heiteren Roman zu schreiben, verwirft, wird er scheinbar zum Spielball seiner Financiers und später der Partei. *Robert* gelangt auf anderem Weg in eine ähnliche Situation als es um die Aufdeckung der Verbrechen in den sowjetischen Lagern geht. *Dubreuilh* spricht schließlich von der absoluten Machtlosigkeit der Französischen zeitgenössischen intellektuellen Elite[29], verteufelt den ‚alten Humanismus'[30] und verdammt sich selbst zu Passivität und Schweigen. Die mit diesen Entwicklungen einhergehende Resignation stellt natürlich auch die Politik a n s i c h in Frage, doch

---

[26] Zitiert nach Fallaize, S.57
[27] Ebd., S.57
[28] Scholz/Mussett 2005, S.25
[29] Beauvoir 1954, S.563: „*Der Intellektuelle hat heute ausgespielt.*"
[30] Ebd., S.646

führen weder der Rückzug aus der Schriftstellerei noch aus der politischen Aktivität zu einem befriedigenden Ereignis.

Henri gelangt durch die Affäre um den Kollaborateur Mercier an die Grenzen seiner Moral, als er wählen muss, durch Falschaussage einen Verbrecher auf freien Fuß zu setzen, oder seine Geliebte, die fragile *Josette*, für ihre Romanze mit einem Nazi-Offizier während des Kriegs der Verfolgung auszusetzen. Hier scheint ihm eine angemessene moralische Entscheidung unmöglich: *„War das Böse überall, so gab es die Unschuld nicht. Was er auch tat, er würde Unrecht haben."*[31]

Im Streitgespräch mit Lambert erklärt *Henri*: *"Eine Moral enthält zwangsläufig in sich eine politische Handlung (..) und umgekehrt: Moral ist, die Politik zu leben."*[32] und argumentiert damit ganz ähnlich wie *Sartre* in *Was ist Literatur?*, der schreibt: *(..) by speaking, I reveal the situation by my very intention of changing it (...) with every word I utter, I involve myself a little more in the world, (..) since I go beyond it to the future. (...) The 'committed' writer knows that words are action. He knows that to reveal is to change and that one can reveal only by planning to change".*[33] *Sartre* betont, dass alle Schriftsteller eine besondere Verantwortung dafür tragen, ihre Umwelt so d u r c h ihre Literatur positiv zu verändern. Ähnlich äußert sich auch *Simone de Beauvoir* in *Für eine Moral der Doppelsinnigkeit.*

Diese existenzialistische Perspektive verlangt vom Individuum die Einplanung anderer Interessen und die immer neue Entscheidung in konkreten Situationen, um eine gemeinsame Zukunft in Freiheit zu gewährleisten. Sowohl für *Beauvoir*, als auch für *Sartre* stellt sich also nicht die Frage, ob sich ein Autor politisch engagieren soll, sondern wie er dies in Einklang mit seinen eigenen Prinzipien und politischen Idealen tun kann.

Es bleibt die Frage, wie man dies am besten tun kann. Für die Mandarins stellt sich heraus, dass der Krieg alles verändert – ihre Gewohnheiten vor, während und nach 1945 sind nicht mehr dieselben. Bereits 1947 schrieb *Beauvoir*: *„So waren alle antifaschistischen Franzosen während der Besatzungszeit durch ihren gemeinsamen Widerstand gegen einen einzigen Unterdrücker geeint. Dagegen trifft die Rückkehr zum Positiven auf viele Schwierigkeiten (...) Die Rückkehr zur Wirklichkeit ist nur dann echt, wenn die Widersprüchlichkeit zwischen Mittel und Ziel, Gegenwart und Zukunft nicht vertuscht, sondern als ständige Spannung gelebt wird".*[34] Wer also für eine Zukunft handeln will, muss die Vergangenheit und die Widersprüche mit einbeziehen – Ebenso wie der Sinn der eigenen Existenz täglich neu gewonnen werden muss.[35]

---

[31] Beauvoir 1954, S.417
[32] Ebd., S.184
[33] Sartre 1948; zitiert nach Scholz / Mussett 2005, S.121 f.
[34] Beauvoir 1948, S.58f.
[35] So ringt *Henri* bei seinem politischen Neuanfang mit sich selbst: *„Er las viel, aber sein wirkliches Wissen beschränkte sich auf die Literatur. (...) Um Widerstand zu leisten oder um eine Geheimzeitung zu gründen, bedurfte man keiner speziellen Erfahrung. Er hatte geglaubt, dass es so weitergehen würde. Zweifellos hatte er sich getäuscht."* (S.156) *„Wie fest hatte er sich an Weihnachten vorgenommen, sich selbst wiederzufinden: und nichts fand er wieder."* (S.196)

2.1.2 Die Freiheit der Entscheidung

‚Freiheit' offenbart sich in den *Mandarins von Paris* meist in Pattsituationen, in denen die Charaktere zwischen verschiedenen, oft unbefriedigenden Alternativen wählen müssen; Die jeweiligen Entscheidungen sind stets eng an deren jeweilige Moralvorstellungen gebunden.

Elisabeth Fallaize zeichnet in ihrem Buch *The novels of Simone de Beauvoir* am Beispiel *Henris* und *Roberts* eloquent eine ‚Struktur des Vorzugs', welche auf der Freiheit des Willens beruht und sich ihrer Ansicht nach in drei konkreten Stufen vollzieht. *Henri* und *Robert* sind bei ihren Entscheidungen immer wieder zwischen individueller Moral und Allgemeinwohl hin und her gerissen. Im Falle *Henris* ist die finale Stufe die Entscheidung, sich eben nicht in Italien zur Ruhe zu setzen, sondern stattdessen mit *Dubreuilh* an einem neuen linken Magazin zu arbeiten. *Henri* verwirft dabei trotzdem nicht seine eigenen moralischen Werte, aber er sieht sie schließlich eher an konkrete Situationen gebunden denn als absoluten Wert, nach dem er sich richten könne.

Für *Robert* verändert sich die Moral insofern, dass er sich überhaupt persönlich für neue Vorstellungen (wörtlich einen ‚neuen Humanismus') öffnet und sich darauf einlässt, alte Werte fahren zu lassen. *„The world political situation has deteriorated in his view to a point where he has to prefer the Soviet Union over the United States without concerning himself with what the Soviet Union* ought *to be like".*[36] Selbst wenn es Monate braucht, letztendlich überzeugen seine moralischen Skrupel und es kommt zum Bruch mit den Kommunisten.

Beauvoirs Sicht auf ‚Freiheit' ist vielleicht näher an der *Merleau-Pontys* als an der *Sartres*, weil Sie die Freiheit des Einzelnen als einzig individuelle Entscheidung verwirft und Entscheidungen stattdessen als in der Vergangenheit verwurzelt und einer konkreten und komplexen Situation verpflichtet beschreibt. Sein Handeln in Vergangenheit und Gegenwart, so vermittelt *Beauvoir* ihrem Leser, verändert das Subjekt. *Henri* will nach den Kräftezehrenden Jahren des Kriegs zu seiner Lebensart vor Kriegsbeginn zurückkehren, muss jedoch feststellen, dass ihm das nicht möglich ist. Er ist nicht mehr derselbe, sondern nun der *Henri*, der er während des Kriegs geworden ist.

Von diesem Standpunkt der individuell erlebten Erfahrung aus lassen sich moralische Werte nicht mehr allein durch allgemein-absolute Werte bestimmen: *„The only code or rule we have is that by willing ouerselves free we commit ourselves to freedom as such and therefore to the freedom of everyone"* schreibt *Karen Vintges* in ihrem Essay *The Return of Commitment* [37] und bezieht sich dabei u. A. auf *Beauvoirs* Aufsätze *The Ethics of Ambiguity* und *Pytus und Cyerra*. Zu Recht beschreibt diese den ‚Willen zur Freiheit' als schwierige Aufgabe, welche stetiger

---

[36] Fallaize 1988, S.96
[37] Scholz/Mussett 2005, S.107

Übung bedarf, denn ständig sei der Mensch versucht, der permanenten Entscheidung voller Bequemlichkeit und Ungeduld auszuweichen.

Verschiedene Attitüden aus der *Moral der Doppelsinnigkeit,* jene Verantwortung abzustreifen, trifft der Leser in den *Mandarins*: Die Orientierung an absoluten Werten, die schlicht verneint, dass wir selbst für unser Handeln verantwortlich sind (*Lachaume*); die entgegengesetzte nihilistische Denkweise, welche prinzipiell jede Verantwortung ablehnt (*Nadine*); Oder aber die Ablehnung jedweder Verbindlichkeit nur für sich selbst („*Der Abenteurer*", repräsentiert z. B. durch *Scriassine*) oder die manisch-leidenschaftliche Selbstaufgabe an eine andere Person (verkörpert durch *Paule*). Einzig *Robert*, *Henri* und *Anne*, so scheint es, stellen sich ernsthaft den Anforderungen ihrer Situation.

Beauvoir erkennt also *Sartres* ontologische Definition der Freiheit an, die besagt, dass der Mensch aus nichts als Bewusstsein bestehe und deshalb frei sei, erweitert die Aussage aber um die Erkenntnis, dass einzig das Handeln zur Erkenntnis und zum Erhalt unserer Freiheit führt.[38] Letztendlich summiert sich *Beauvoirs* Theorie der Freiheit zu einer moralisch-politischen Lebensart. Eine a-politische Lebensart kommt als Option für den Intellektuellen gar nicht in Frage, wie auch die *Mandarins* am Ende des Romans feststellen. In *Für eine Moral der Doppelsinnigkeit* erläutert *Beauvoir* außerdem, dass Freiheit anstreben immer auch bedeutet, die Freiheit der Anderen mitzudenken und mit anzustreben: „*(..) verwirklicht sich der Mensch nur durch seine Beziehung zur Welt und zu seinen Mitmenschen, existiert er nur, indem er sich transzendiert, und nur durch die Freiheit der Anderen kann seine Freiheit wirklich werden*".[39]

2.1.3 Modelle von Weiblichkeit

Wenngleich *Die Mandarins von Paris* und *Das Andere Geschlecht* zeitnah geschrieben und veröffentlicht wurden, waren etliche Kritiker, welche konkrete Beispiele zu theoretischen Argumenten suchten, enttäuscht.[40] Einzig in den weiblichen Charakteren und der Art und Weise, wie diese ihr Leben leben, scheint die Autorin Theorie eingeschrieben zu haben. *Annes* Beziehungen zu *Robert* und *Lewis* sind dabei ebenso aufschlussreich, wie *Paule* und ihre Romanze mit *Henri* sowie die Freundschaft zwischen *Paule* und *Anne*.

Anne fühlt sich entfremdet und allein. Sie kämpft mit der Versuchung, die Verantwortung für sich und ihr Leben in die Hände eines fremden ‚Absoluts' zu legen. Wie der Leser erfährt, verließ *Anne* bereits früh der Glauben an Gott, und ihr Gefühl von Sicherheit und Geborgenheit fand sie erst wieder, als sie *Robert* begegnete. *Robert* ist für sie der ‚Fels in der Brandung', „*das Maß aller Dinge*"[41], mit ihrer Beziehung macht „*die Geschichte einen*

---

[38] Scholz/ Mussett 2005, S.108. „*Doppelsinnigkeit*", erklärt *Beauvoir* in den *Ethics of Ambiguity,* bedeute „*dass der Sinn der Eixstenz niemals festliegt, dass er unaufhörlich gewonnen werden muss*". (S.56)

[39] Beauvoir 1948, S.62

[40] Z.B. Evans, Mary 1985 „Simone de Beauvoir – Ein feministischer Mandarin" oder Leighton, Jean 1975 „Simone de Beauvoir on Women".

[41] Beauvoir 1954, S.56

Sinn und meine Existenz auch".[42] So wie ihr Gott als Mädchen die Ewigkeit im Paradies ver-
sicherte, befreit *Robert* sie von ihren Ängsten und gibt ihr Zuversicht.

Dubreuilhs aufkeimende Zweifel an Politik und seinem eigenen literarischen Schaffen
zwingen *Anne*, ihn zu hinterfragen; Plötzlich sieht sie sich mit seiner – und ihrer eigenen–
Sterblichkeit konfrontiert. *„Ich weinte, und zum erstenmal seit zwanzig Jahren war ich
allein, allein mit meinem Gewissen, mit meiner Angst. Ich schlief ein und träumte, ich sei
tot"*.[43] Einen neuen Beweggrund zu leben findet sie in ihrer neuen Liebe zu *Lewis*, der
sich zudem wesentlich von ihrem Ehemann unterscheidet. In seinen Armen fühlt sich
*Anne „verwandelt", „beruhigt": „(...) das Begehren eines Mannes wandelte mich in ein
Wunder der Vollkommenheit"*.[44]

Die Intensität und die Körperlichkeit ihrer Liebe verwurzelt *Anne* stärker im Diesseits,
statt sie mit dem Tode zu konfrontieren. Doch der Verlust *Lewis'* zeigt *Anne* auf
schmerzliche Weise, dass nichts, nicht einmal die leidenschaftlichste Liebesaffäre, ihr die
Permanenz und Sicherheit geben kann, die sie so verzweifelt sucht. Ihre finale
Konfrontation mit der Endlichkeit führt zu Suizidgedanken, doch gibt ihr ihre Liebe für
Andere letztlich Kraft, weiterzuleben: *„Da mein Herz weiterschlägt, muß es wohl für
etwas, für jemanden schlagen. (...) Wer weiß? Vielleicht werde ich eines Tages von
Neuem glücklich"*.[45]

Die Idee der ‚ernsthaften' Person stammt ebenfalls aus der *Moral der Doppelsinnigkeit,* in
der sich *Beauvoir* ausführlich mit den Termini des ‚Absoluten', der ‚Freiheit' und dem
Heideggerschen ‚Sein-zum-Tode" auseinandersetzt. Für die ‚ernsthafte Person' wird das
‚Absolut' zum Objekt und zum Ziel, welches es zu erreichen gilt. Da das idealisierte
Objekt meist eine Person oder die Freiheit an-sich ist, ist dieses Ziel freilich unerreichbar.
Diese Einstellung ist allerdings weder angeboren noch unmöglich zu überwinden. Und so
befreit *Anne* sich buchstäblich in letzter Sekunde, indem sie die Verantwortung doch noch
selbst übernimmt – *„(..) the journey that only concludes when she finally makes a deliberate
choice that acknowledges not only her freedom, but embraces her connection to others"*.[46]
So kommt ihr letztendlich die bittere, doch heilsame Erkenntnis: dass *„One plus one man
doesn't make two men; it will forever make one plus one"*.[47]

Heideggers Argument, dass die Konfrontation mit der eigenen Endlichkeit Angst hervorruft,
welche in Attitüden die der ‚Ernsthaftigkeit', in Selbstaufgabe und Verneinung der
Verantwortung sowie der Suche nach Verifizierung in absoluten Werten gipfeln kann,
übernimmt *Beauvoir* in den *Mandarins*, doch ersetzt sie *Heideggers* ‚Zum-Tode-Sein' mit
dem optimistischeren ‚Zur-Freiheit-Sein': *„anguish reveals to us not our being-towards-*

---

[42] Beauvoir 1954, S.58
[43] Ebd., S.55
[44] Ebd., S.441
[45] Ebd, S.795
[46] Scholz/Mussett 2005, S. 136
[47] zitiert nach Scholz / Mussett 2005, S.130

*death but our very freedom. Freedom alone ist he ,universal, absolute end'. (...) This goal,
however, requires that each person take resonsibility for his or her existence (...)".*[48]
Ähnlich funktionieren auch die 'Leidenschaftliche Person' aus der *Moral der Doppelsinnigkeit* und die *Liebende* aus dem *Anderen Geschlecht*. Beide setzen den Geliebten als
idealisiertes, zum Teil mystifiziertes Objekt. Während der Fehler der ,Leidenschaftlichen
Person' darin liegt, hinter dem verehrten Subjekt zurück zu bleiben, zeichnet *Beauvoir* die
Liebende als zutiefst manische und einsame Person: *„The woman in love is a desperate
and maniacal figure who has emptied her own hopes and aspirations into a mania for
another"* schreibt *Shannon Mussett*. *„By devoting herself completely to her only project (..)
she becomes an empty shell of a person (..)".*[49]
Annes Hingabe an *Lewis* spiegelt sich in der Beziehung von *Paule* zu *Henri*. *Paule*
verkörpert vollkommen die *Liebende* aus dem *Anderen Geschlecht*, die sich selbst völlig
aufgibt und, wie in den *Mandarins* offenbar wird, im Fall des Objekt-Verlusts schnell in
Irrationalität und Wahnsinn abgleitet. Trotz der immer größer werdenden Distanz
zwischen den Liebenden weigert sich *Paule,* loszulassen, was dazu führt, dass sie selbst
schließlich g a r   n i c h t s   tut. *Beauvoir* überzeichnet ihren Charakter dermaßen,
dass der Leser sich nicht nur abgestoßen und irritiert fühlt, sondern auch Mitleid mit der
schwachen, unfähigen Frau entwickelt.
Was *Anne* an *Paule,* mit der sie eine lange Freundschaft verbindet, Angst macht, ist die
Möglichkeit, sich in Bezug auf *Lewis* und ihre eigene Angst ähnlich zu entwickeln. *Anne*
braucht *Paule* als Spiegel als sie selbst noch nicht bereit ist, sich den Gefahren des
Absoluts zu stellen, um zu sehen, welche Gefahren sich dahinter verbergen. Wie *Elisabeth*
in *Sie kam und Sie blieb* als Symbol für alles, was *Francoise* nie werden möchte fungiert,
so steht *Paule* wie als Warnung für das, was aus *Anne* werden könnte, wenn sie sich zu
weit auf die (idealisierte) Beziehung mit *Lewis* einließe. Jedoch, *„Whereas Paule's forced
break from Henri leads to madness and isolation, Anne's break from her dependency on
Robert and Lewis leads to reconnection, hope, and the opening future again".*[50] "*Tot ist das
kleine Kind, das ans Paradies glaubte, tot das junge Mädchen, das Bücher, Ideen und den
Mann, den es liebte, für unsterblich hielt, (..), tot die Liebende, die lachend in Lewis'
Armen erwachte"*[51], findet *Anne* zu Ende des letzten Kapitels. Kurzum: Tot sind alle
Absolute, welche in ihrem bisherigen Leben als Krücken dienten.
Jen Mc Weeny führt in ihrem Aufsatz *Love, Theory, and Politics* die Verbannung der
weiblichen Charaktere in die Privatsphäre vor. Sie wertet die Inaktivität in Politik als Echo
von *Beauvoirs* Anmerkungen aus dem *Anderen Geschlecht,* wonach die Frau nur deshalb
nicht mit dem Mann konkurriert, weil sie gänzlich außerhalb des Systems steht.[52] Sie
schreibt: *„(...) to be complicit or to revolt. The suicidal gestures that all of the female*

---

[48] Scholz / Mussett 2005, S.141
[49] Ebd., S.139
[50] Ebd., S.136
[51] Beauvoir 1954, S.793
[52] Scholz / Mussett 2005, S.170 f.

charakters make are symbolic embodiements of the fact that woman, in particular, is faced with this decision. While the male characters act in ways that manifest acceptance for the existing social and political systems (..) the female characters Paule, Anne, and Nadine reject the system by focussing their acts of violence on themselves".[53] In *Das Andere Geschlecht* suggeriert *Beauvoir*, dass Frauen deshalb nicht oder selten schreiben, weil sie (noch) nicht zu leben gelernt hätten: *„What woman essentially lacks today for doing great things is forgetfulness of herself; but to forget oneself it is first of all necessary to be firmly assured that now and for the future one has found oneself"*.[54] – *"This explaination of the status of women's personal freedom, transcendence over tragic ambiguity, and conquering of natural narcissistic tendencies serves to demonstrate that when facing an impasse, no one can choose a path, much less an ethical path, if she is not fully free"*[55], erläutert *Peg Brand* in *Salon-Haunters*.

2.2 Literarische Aspekte

Angesichts der großen Bedeutung, die der Literatur im Roman beigemessen wird, verdient auch *Beauvoirs* Stil selbst eine genauere Analyse. Nach deren Auffassung jedenfalls war die Schriftstellerei durchaus eine privilegierte Tätigkeit: Worte, schrieb sie, trotzten *„gegen Tod, Zeit und die Isolation des Einzelnen von der Gemeinschaft"*[56] . Die Aufgabe der Autoren sei *„to recreate an imaginary world which reveals meaning"*[57]. Die Bedeutung der Autorschaft läge in ihrer Suche nach 'Bedeutung'.[58]
Welche narrativen Strategien also benutzt *Beauvoir*, und welche Bedeutungen werden dadurch freigelegt? Form und Inhalt sind für die Autorin des *Anderen Geschlechts* untrennbar miteinander verbunden; Ihr Interesse an *Hemingway, Passos* und anderen amerikanischen Autoren der 1930er Jahre führte sie zum Problem der Erzählperspektive. Seit *Sie kam und Sie blieb* hatte sie die allgemeine erzählerische Stimme den subjektiven Perspektiven einzelner Charaktere unterworfen, auch später blieb sie dabei. So auch in den *Mandarins*, während dessen 12 zeitlich ineinander verschränkten Kapiteln *Anne* in der ersten und *Henri* in der dritten Person singulär abwechselnd berichten. *Beauvoir* unterwirft ihre Protagonisten also jeweils der eigenen subjektiven Wahrnehmung und verweist so auf die existenzialistische Philosophie vom singulären Bewusstsein, das Bedeutung ‚schafft'.
Durch diese narrative Zweiteilung erlebt der Leser die Handlung quasi mit den Charakteren; Manches Mal wiederholen sich Ereignisse aus einer zweiten Perspektive, auch kleinere Zeitsprünge oder gedankliche Rückblenden kommen vor. In Umfang und

---

[53] Scholz / Mussett 2005, S.170
[54] Beauvoir 1949, zitiert nach Scholz / Mussett, S.172
[55] Scholz / Mussett 2005, S.221
[56] Zitiert nach Fallaize 1982, S.3
[57] Ebd., S.3
[58] Ebd., S.4

15

Bedeutung sind *Anne* und *Henri* gleichwertig. Doch ist auffällig, dass sich *Henris* Erzählungen auf die handelnde, politische Ebene konzentrieren, währenddessen *Anne* ihre innere Wandlung reflektiert.

Teils in direktem Dialog, teils in langen inneren Monologen führt *Anne Dubreuilh* den Leser nicht nur in ihr eigenes Befinden, sondern auch in die zahlreichen interpersonlaen Verstrickungen ein. Sie ist es, die einfühlsam vom Tod des Liebhabers ihrer Tochter berichtet, der im Konzentrationslager starb; Sie führt den Leser an den Privatmann *Robert Dubreuilh* heran und erzählt zurückblickend von Begebenheiten aus dem Leben der Mandarine. Der Beruf der Psychoanalytikerin ist von daher recht passend gewählt. Sie führt im ersten Kapitel in die Personalstruktur des Romans ein und erhält zum Ende das letzte Wort. Ihr obliegt es, den Leser auf Ambivalenzen im Rollenverhalten der Charaktere hinzuweisen, und ebenfalls an ihr erleben wir die ‚Schwerpunktverlagerung' vom Bewusstsein (im Beruf und ihrer Ehe mit *Robert*) zum Körper (in der leidenschaftlichen Beziehung zu *Lewis*) (und zurück). Mit dieser narrativen Zweiteilung führt *Beauvoir* den Leser an den klassischen Dualismus heran: den alte Gegensatz zwischen ‚öffentlichen' Männern und ‚privaten' Frauen.

3. Resümee

Mit den *Mandarins von Paris* gelang *Simone de Beauvoir* ein faszinierender, vielschichtiger Einblick in das Paris der Nachkriegs-Intelligenzija. Unter Betrachtung verschiedenster privater und politischer Schicksale rekonstruiert die Autorin den Zerfall der französischen Widerstandsbewegung nach 1944; Dabei plädiert sie für die individuelle Verantwortung in politischen Grabenkämpfen. Für eine wahrhaft freie Zukunft muss sich der Einzelne engagieren und Verantwortung für seine Vergangenheit und Zukunft und die der Anderen übernehmen. Leidenschaft und Verpflichtung sind dabei die Grundpfeiler jedweder ethisch-moralischen Handlung.

Indem sich der Einzelne einer Gruppe anschließt oder sich einem konkreten Problem annimmt, engagiert er sich sowohl für seine eigene, als auch für die Freiheit der Gemeinschaft. Das Individuum verändert die sozialen Strukturen, und damit, rückwirkend, auch sich selbst.

Auch die Frage, wie sich Geschlechter entwerfen und wie Frauen und Männer ihre Beziehungen zueinander gestalten können, taucht wieder auf.

Zwar entwirft *Beauvoir* keinen ‚Fahrplan', wie die aufgezeigten Probleme gelöst werden können, doch zeigt ihr Roman die enorme Bedeutsamkeit der Fragen an sich an – und wird so zur Chronik einer Epoche, zum Schlüssel seiner Zeit und deren Fragen.

4. Literaturverzeichnis

Beauvoir, Simone de 1948: „Für eine Moral der Doppelsinnigkeit". In: Hervé, Florence und Höltschl, Rainer (Hrsg.): „absolute Simone de Beauvoir". 2003, orange-press, Freiburg. S.54-63.

Beauvoir, Simone de 1949: „Das andere Geschlecht. Sitte und Sexus der Frau". 2008, Rowohlt Taschenbuch Verlag, Hamburg, 9. Auflage.

Beauvoir, Simone de 1954: „Die Mandarins von Paris". 2004, Rowohlt Taschenbuch Verlag, Hamburg, 36. Auflage.

Fallaize, Elisabeth: "The Novels Of Simone De Beauvoir". 1988, London, New York.

Nievers, Knut 1996 „Die Mandarins von Paris" In: Kindlers Neues Literatur Lexikon. Studienausgabe, Band 2 Ba-Bo, München.

Scholz, Sally J. und Mussett, Shannon M. (Hrsg.): "The Contradictions Of Freedom. Philosophical Essay on Simone de Beauvoir´s The Mandarins". 2005, New York, State University of New York Press.